Peldaños

Bienvenido a la India

ALREDEDOR DEL MUNDO

BIENVENIDO A LA INDIA

por Stephanie Herbek

¡*Namaste!* Así dicen "hola" en la India. La India es un país grande en el continente de Asia. Tiene montañas, ríos y desiertos. Más de mil millones de personas viven en la India.

La **cultura** es importante para los habitantes de la India. La cultura incluye los alimentos, las creencias, la música, el arte y la lengua de un grupo de personas. También incluye el lugar donde vive una persona. La cultura puede ser diferente en comunidades pequeñas y comunidades grandes.

> En la India, las personas montan animales junto a los carros y los camiones. Los elefantes son bastante aptos para montarlos. ¡Tienen mucho espacio!

Aldeas pequeñas y grandes ciudades

La mayoría de los habitantes de la India viven en pequeñas comunidades llamadas **aldeas**. Las aldeas de la India tienen casas sencillas. Hay amplios espacios abiertos para trabajar, cultivar la tierra y jugar. Muchas personas también viven en las grandes ciudades de la India. Estas ciudades son comunidades ajetreadas y superpobladas. La vida en una aldea india puede ser diferente de la vida en una ciudad india.

A veces, los habitantes de las aldeas viajan a las ciudades a comprar o vender cosas. Los habitantes de las ciudades suelen ir a las aldeas para visitar amigos. ¡Averigüemos más sobre las aldeas y las ciudades de la asombrosa India!

Vivir en una aldea

Las aldeas indias están en el campo. Por lo general están compuestas por casas pequeñas construidas con lodo, pajilla y piedra. La mayoría de las casas de las aldeas no tienen electricidad, agua potable o televisión. Los habitantes de las aldeas indias llenan sus cubos de agua en un **pozo**. A veces hay unas cuantas tiendas y una oficina de correos en la aldea. Incluso puede haber un café donde las personas puedan tomar té con sus vecinos.

Muchos aldeanos son granjeros. Cultivan alimentos como el arroz y el trigo para comer y vender. Los aldeanos afortunados incluso pueden tener un búfalo que les dé leche. A veces estos búfalos viven en la casa. ¡Son grandes mascotas!

> Esta aldea de pescadores está cerca del agua. Observa los botes y las casas coloridas.

En una aldea, las personas comienzan su día ajetreado temprano. Llenan sus cubos de agua en el pozo, reúnen madera para el fuego y cocinan la comida de la mañana. Luego la mayoría de los niños se dirigen a pequeñas escuelas de aldea. Algunos niños no van a la escuela. En vez de eso, trabajan en la granja de su familia. Al final del día, todos los niños de la aldea se reúnen a jugar.

< En esta aldea, los niños juegan cerca de las casas hechas de madera y hierba.

Vivir en una ciudad

India también tiene algunas de las ciudades más pobladas del mundo. Más de diez millones de personas viven en Bombay. Esta ruidosa y emocionante ciudad tiene autopistas y altos edificios modernos. La mayoría de los indios que viven en ciudades como Bombay viven en pequeños apartamentos en grandes edificios. Muchos de ellos trabajan en oficinas y fábricas. No tienen espacio para cultivar sus propios alimentos, por lo tanto, los compran en mercados.

> En las ajetreadas ciudades indias, las personas compran sus alimentos en mercados al aire libre.

La mayoría de las familias de Bombay viven en edificios de apartamentos.

Las ciudades de la India tienen parques, museos, restaurantes y hoteles. Muchas personas andan en autobuses o bicicletas para ir de un lugar a otro. También toman el tren. Las vías de ferrocarril cubren la India y trasladan personas de aldeas a ciudades y viceversa.

Compruébalo   ¿En qué se diferencia vivir en una ciudad de vivir en una aldea en la India?

Ir a la escuela en la India

por Grant Williams

Los niños en la India van a la escuela de muchas maneras. En las ciudades, los niños suelen subirse al autobús para ir a la escuela. Pero los niños de las aldeas se enfrentan a una situación más difícil. Montañas, ríos y bosques a veces se interponen entre los niños y su escuela. Algunos niños cruzan los ríos en bote y en puntillas sobre los puentes colgantes solo para ir a la escuela.

> Este niño va todos los días a la escuela en la bicicleta de su padre.

Algunas escuelas indias pueden sorprenderte. Los maestros enseñan y los niños aprenden en lugares poco comunes. En las aldeas pequeñas, una clase puede dictarse al aire libre. En partes de la India que están en el desierto, las clases pueden impartirse en una tienda. En las ciudades superpobladas, algunos estudiantes incluso asisten a clases dentro de un autobús estacionado.

∧ Muchos niños se van caminando a la escuela en la India. ¡Otros creen que es más divertido correr!

∧ ¡Abran paso! A estos niños los llevan a la escuela en un carrito.

∧ ¡Es la estación lluviosa! Estas niñas deben vadear calles inundadas para llegar a la escuela.

Aprender y jugar

Una vez que llegan a la escuela, los niños están listos para aprender. Estudian matemáticas, ciencias y artes. También aprenden a hablar hindi e inglés. Estos son los idiomas más importantes de la India. Muchas personas hablan hindi en la India, pero aprender inglés hace que sea más fácil para los indios hablar con personas de todo el mundo. También los ayuda a comprender cómo es la vida en otros países.

> En algunos salones de clase indios, los niños se sientan en el piso en lugar de pupitres.

Como los niños en los Estados Unidos, los niños en la India hacen ejercicio durante el día escolar. A muchos niños les gusta jugar al **cricket** y al fútbol. El cricket es un deporte como el béisbol, que se juega en una cancha grande con una pelota y un bate. Probablemente ya sepas qué es el fútbol. ¡Es un deporte popular en todo el mundo!

∧ Pequeñas pizarras, o tableros, hacen que sea fácil practicar la escritura de palabras en inglés.

∧ En el recreo, algunos niños juegan con canicas.

∧ Usar un uniforme es por lo general parte de ir a la escuela en la India.

¡Hora del almuerzo!

Los estudiantes que tienen hambre no pueden esperar a la hora del almuerzo. Así que, ¿qué almuerzan en la India? Los granjeros indios cultivan arroz, trigo, arvejas y frijoles en el fértil suelo. Los niños indios comen muchos alimentos hechos con estos ingredientes. Las especias, como el **curry**, suelen usarse para dar sabor a platos de verduras o carne servida con arroz. Los chiles también le agregan un sabor picante a los alimentos indios.

> Estos niños disfrutan de su almuerzo.

Muchos niños de la India llevan su almuerzo en una lonchera de metal llamada *tiffin*. Llevan muchos alimentos diferentes. Los indios no comen mucha carne. Puede ser cara y difícil de encontrar. Por lo tanto, la mayoría de los niños llevan platos de arroz a la escuela. *Shahi paneer* es una mezcla de queso y verduras que les gusta a muchos niños. Los niños indios también llevan una botella de agua a la escuela. No todas las escuelas tienen agua potable.

∧ Los niños pueden llevar su almuerzo a la escuela en *tiffin*.

∧ El pan *naan* es redondo, plano y muy sabroso.

∧ Este curry delicioso se hace con verduras picantes y arroz.

¡Hoy no hay clases!

 En la India, como en otros países, los niños a veces no van a la escuela para celebrar festividades importantes. Los niños pueden celebrar yendo a fiestas, comiendo alimentos especiales y pasando tiempo con su familia y amigos.

Diwali es uno de los **festivales** más importantes de la India. Se celebra en octubre o noviembre. Diwali se conoce como el "festival de las luces". Durante Diwali, se encienden velas en las casas. Fuegos artificiales coloridos iluminan el cielo nocturno. Es un momento alegre del año.

Los niños celebran Holi lanzando polvos coloridos a sus amigos.

Otro festival importante del año en la India se llama Holi. Holi se celebra en marzo o abril y dura cinco días. En Holi se celebra la llegada de la primavera. ¡Observa todos esos colores! De hecho, Holi significa "el festival de los colores". Durante Holi, se ora y se comen alimentos especiales. Se lanzan puñados de polvos coloridos unos a otros. ¡Qué manera divertida de celebrar!

Compruébalo ¿Cuáles son algunas de las maneras diferentes en que los estudiantes van a la escuela en la India?

El
tonto
y tímido conejo

CUENTO POPULAR TRADICIONAL INDIO

relato de Jenny Loomis
ilustraciones de David Mottram

Muchos cuentos para niños contienen lecciones sobre la vida y la cultura. Los cuentos jataka son una manera en que los niños aprenden **moralejas**, o creencias sobre lo que está bien y mal. Estos antiguos cuentos provienen del budismo. Esta es una religión que comenzó en la India hace 2,500 años. La moraleja de este cuento es sobre el peligro de contar **rumores**. Cuando leas este cuento popular, piensa en las lecciones que enseña. ¿Te suenan conocidas?

Un caluroso día de verano, un conejo se quedó dormido a la sombra de una palmera. Comenzó a soñar que la tierra se partía en dos. De repente, un coco se cayó del árbol y aterrizó con un ¡BUM! detrás de él. El conejo se despertó.

—¡La tierra se está partiendo en dos! —gritó. Sin mirar detrás de sí, el conejo corrió tan rápido como pudo. Pronto pasó a un segundo conejo, que le preguntó si había encontrado un sembradío de zanahorias.

—¡No! ¡La tierra se está partiendo en dos! —contestó el primer conejo.

—¡Oh, no! ¡Todas las zanahorias se arruinarán! —gritó el segundo conejo.

El segundo conejo corrió a alcanzar al primer conejo. Los dos atravesaron un campo a toda prisa. Se cruzaron con un conejo tras otro y le explicaron a cada uno que la tierra se estaba partiendo en dos. Pronto, cientos de conejos corrían.

Se cruzaron con un mono que estaba sentado en un árbol, comiendo una banana. —¡Conejos! ¡Conejos! ¿Adónde van? —les preguntó. Le dijeron al mono que la tierra se estaba partiendo en dos.

—¿Qué les pasará a mis bananas? —gritó el mono. Bajó del árbol meciéndose para unirse a ellos.

Los conejos y el mono pasaron a toda velocidad junto a un elefante que les preguntó por qué hacían tanto alboroto. Cuando el mono explicó que la tierra se estaba partiendo en dos, el elefante dijo: —¡Qué terrible! ¡Esto no puede ser bueno para las plantas y los árboles! Se unió a los otros animales. Entonces los animales entraron a un área boscosa donde se cruzaron con un ciervo que tomaba un bocado de musgo.

—¿Qué rayos ocurre? —preguntó el ciervo.

—¿No lo sabes? —respondió el elefante—. ¡La tierra se está partiendo en dos!

—¡Oh, no! ¡Espero que no se dañe el musgo! El ciervo corría delante de la fila de animales.

El león, Rey de las Bestias, vio la larga fila de animales que corrían desde la cima de una colina y se preocupó. Corrió al pie de la colina y soltó un poderoso rugido. Los animales se detuvieron porque sabían que no convenía desobedecerlo. El león ordenó a los animales que se explicaran.

—¡La tierra se está partiendo en dos! —gritaron los animales todos juntos.

—¿Cómo lo saben? —preguntó el león.

—Creo que el elefante lo sabe —dijo el ciervo.

—Pueden confirmarlo con el mono —dijo el elefante.

—¡Pregúntenle a los conejos! ¡Ellos me contaron! —dijo el mono. Los conejos se miraron entre sí.

—¿Quién comenzó con todo esto? —rugió el león.

El primer conejo levantó su patita tímidamente y explicó que él fue el primero que descubrió lo que le pasaba a la tierra. Describió el sonido que oyó mientras dormía bajo la palmera.

—Muéstrame dónde ocurrió esto. El resto esperen aquí —ordenó el león.

El conejo regresó corriendo a la palmera con el león muy cerca.

—¡Aquí estamos, Rey León! Aquí es donde sucedió.

El león observó el área cerca de la palmera con atención. No pasó mucho tiempo hasta que vio el coco.

—Conejito tonto, la tierra no se está partiendo en dos. El ¡BUM! que oíste fue el sonido de este coco que cayó de su palmera. Volvamos junto a los demás y expliquémosles qué sucedió antes de que haya otra estampida.